Merry Christmas

GUESTBOOK

Guests

_____

_____

_____

_____

_____

_____

_____

_____

_____

_____

_____

_____

_____

_____

_____

_____

_____

_____

Guests

Guests

_____   _____

                                     _____

                                     _____

_____   _____

                                     _____

                                     _____

_____   _____

                                     _____

                                     _____

_____   _____

                                     _____

                                     _____

Guests

_____   _____

_____

_____   _____

_____

_____   _____

_____

_____   _____

_____

_____   _____

_____

_____   _____

Guests

_____   _____

_____

_____   _____

_____

_____   _____

_____

_____   _____

_____

_____   _____

_____

_____   _____

Guests

_____   _____
                                 _____
                                 _____

_____   _____
                                 _____
                                 _____

_____   _____
                                 _____
                                 _____

_____   _____
                                 _____
                                 _____

_____   _____
                                 _____

Guests

Guests

_____   _____

                                         _____

                                         _____

_____   _____

                                         _____

                                         _____

_____   _____

                                         _____

                                         _____

_____   _____

                                         _____

                                         _____

_____   _____

                                         _____

                                         _____

Guests

_____

_____

_____

_____

_____

_____

_____

_____

_____

_____

_____

_____

_____

_____

_____

_____

_____

_____

_____

_____

Guests

_____   _____

_____

_____   _____

_____

_____   _____

_____   _____

_____

_____   _____

_____   _____

_____   _____

_____   _____

Guests

_____   _____

_____   _____

_____   _____

_____   _____

_____   _____

_____   _____

                                    _____

                                    _____

                                    _____

                                    _____

                                    _____

                                    _____

                                    _____

Guests

_____   _____

_____

_____   _____

_____

_____   _____

_____

_____   _____

_____

_____   _____

_____

_____   _____

_____

Guests

_____

_____

_____

_____

_____

_____

_____

_____

_____

_____

_____

_____

_____

_____

_____

_____

_____

_____

_____

_____

_____

_____

Guests

_____   _____

_____   _____

_____   _____

_____   _____

_____   _____

_____   _____

_____   _____

_____   _____

_____   _____

_____   _____

_____   _____

_____   _____

Guests

_____   _____

                                                   _____

                                                   _____

_____   _____

                                                   _____

                                                   _____

_____   _____

                                                   _____

                                                   _____

_____   _____

                                                   _____

                                                   _____

_____   _____

                                                   _____

Guests

_____   _____

_____   _____

_____   _____

_____   _____

_____   _____

_____   _____

_____   _____

_____   _____

_____   _____

_____   _____

_____   _____

Guests

_____   _____
                                          _____
                                          _____
_____   _____
                                          _____
                                          _____
                                          _____
_____   _____
                                          _____
                                          _____
_____   _____
                                          _____
                                          _____
_____   _____
                                          _____

Guests

_____   _____
                           _____
                           _____
                           _____
_____   _____
                           _____
                           _____
                           _____
_____   _____
                           _____
                           _____
                           _____
_____   _____
                           _____
                           _____
                           _____
_____   _____
                           _____
                           _____

Guests

_____

_____

_____

_____

_____

_____

_____

_____

_____

_____

_____

_____

_____

_____

_____

_____

_____

_____

_____

Guests

_____   _____

                                         _____

                                         _____

_____   _____

                                         _____

                                         _____

                                         _____

_____   _____

                                         _____

                                         _____

_____   _____

                                         _____

                                         _____

                                         _____

_____   _____

                                         _____

Guests

_____

_____

_____

_____

_____

_____

_____

_____

_____

_____

_____

_____

_____

_____

_____

_____

_____

Guests

_____   _____

_____

_____   _____

_____

_____   _____

_____

_____   _____

_____

_____   _____

_____

Guests

_____

_____

_____

_____

_____

_____

_____

_____

_____

_____

_____

_____

_____

_____

_____

_____

_____

_____

_____

_____

Guests

_____   _____

                                            _____

                                            _____

_____   _____

                                            _____

                                            _____

_____   _____

                                            _____

                                            _____

_____   _____

                                            _____

                                            _____

_____   _____

                                            _____

                                            _____

Guests

_____   _____

                                          _____

                                          _____

_____   _____

                                          _____

                                          _____

_____   _____

                                          _____

                                          _____

_____   _____

                                          _____

                                          _____

                                          _____

_____   _____

                                          _____

Guests

_____   _____
                                       _____
                                       _____
_____   _____
                                       _____
                                       _____
_____   _____
                                       _____
                                       _____
_____   _____
                                       _____
                                       _____
_____   _____

Guests

_____   _____

_____   _____

_____   _____

_____   _____

_____   _____

_____   _____

_____   _____

_____   _____

                                                   _____

                                                   _____

                                                   _____

                                                   _____

Guests

_____   _____

    _____

    _____

_____   _____

    _____

    _____

_____   _____

    _____

    _____

_____   _____

    _____

    _____

_____   _____

    _____

    _____

Guests

_____   _____

_____   _____

_____   _____

_____   _____

_____   _____

_____   _____

_____   _____

_____   _____

_____   _____

_____   _____

_____   _____

_____   _____

_____   _____

_____   _____

Guests

_____   _____
                                        _____
                                        _____
_____   _____
                                        _____
                                        _____
_____   _____
                                        _____
                                        _____
_____   _____
                                        _____
                                        _____
_____   _____
                                        _____
                                        _____

Guests

_____   _____

_____   _____

_____   _____

_____   _____

_____   _____

_____   _____

_____   _____

_____   _____

_____   _____

_____   _____

_____   _____

Guests

_____   _____

_____

_____   _____

_____

_____   _____

_____

_____   _____

_____   _____

_____

_____   _____

Guests

_____

_____

_____

_____

_____

_____

_____

_____

_____

_____

_____

_____

_____

_____

_____

_____

Guests

_____   _____

                                        _____

                                        _____

_____   _____

                                        _____

                                        _____

_____   _____

                                        _____

                                        _____

_____   _____

                                        _____

                                        _____

_____   _____

                                        _____

Guests

_____

_____

_____

_____

Guests

_____

_____

_____

_____

_____

_____

_____

_____

_____

_____

_____

_____

_____

_____

_____

_____

_____

_____

_____

_____

_____

Guests

_____   _____

    _____

    _____

_____   _____

    _____

    _____

_____   _____

    _____

    _____

_____   _____

    _____

    _____

_____   _____

    _____

Guests

Guests

_____

_____

_____

_____

_____

_____

_____

_____

_____

_____

_____

_____

_____

_____

_____

_____

_____

_____

Guests

_____

_____

_____

_____

_____
_____
_____
_____
_____
_____
_____
_____
_____
_____
_____
_____

Guests

_____   _____

_____   _____

_____   _____

_____   _____

_____   _____

_____   _____

_____   _____

_____   _____

_____   _____

                                      _____

                                      _____

                                      _____

                                      _____

Guests

_____   _____

                                          _____

                                          _____

_____   _____

                                          _____

                                          _____

_____   _____

                                          _____

                                          _____

_____   _____

                                          _____

                                          _____

_____   _____

                                          _____

                                          _____

Guests

_____   _____

_____

_____   _____

_____

_____   _____

_____

_____   _____

_____

_____   _____

_____

_____   _____

_____

Guests

_____

_____

_____

_____

_____

_____

_____

_____

_____

_____

_____

_____

_____

_____

_____

_____

_____

_____

Guests

_____   _____
                                 _____
                                 _____
_____   _____
                                 _____
                                 _____
                                 _____
_____   _____
                                 _____
                                 _____
                                 _____
_____   _____
                                 _____
                                 _____
                                 _____
_____   _____
                                 _____

Guests

_____   _____

                                 _____

                                 _____

_____   _____

                                 _____

                                 _____

                                 _____

_____   _____

                                 _____

                                 _____

                                 _____

_____   _____

                                 _____

                                 _____

Guests

_____
                                        _____
                                        _____
                                        _____
_____
                                        _____
                                        _____
                                        _____
_____
                                        _____
                                        _____
                                        _____
_____
                                        _____
                                        _____
                                        _____
_____
                                        _____
                                        _____

Guests

_____

_____

_____

_____

_____

_____

_____

_____

_____

_____

_____

_____

_____

_____

_____

_____

_____

Guests

_____

_____

_____

_____

_____

_____

_____

_____

_____

_____

_____

_____

_____

_____

_____

_____

_____

_____

_____

_____

_____

_____

Guests

_____   _____

_____   _____

                                             _____

                                             _____

_____   _____

                                             _____

                                             _____

_____   _____

                                             _____

                                             _____

_____   _____

                                             _____

                                             _____

_____   _____

                                             _____

www.ingramcontent.com/pod-product-compliance
Lightning Source LLC
Chambersburg PA
CBHW061955090426
42811CB00006B/938